KOMPLETNA KSIĄŻKA Z PRZEPISAMI NA DESKI DESEROWE

Podnieś poziom swojej gry deserowej dzięki najwyższej jakości rozgrywkom planszowym

Julia Pawłowska

Prawa autorskie ©2024

Wszelkie prawa zastrzeżone

Żadna część tej książki nie może być wykorzystywana ani rozpowszechniana w jakiejkolwiek formie i w jakikolwiek sposób bez odpowiedniej pisemnej zgody wydawcy i właściciela praw autorskich, z wyjątkiem krótkich cytatów użytych w recenzji. Niniejsza książka nie powinna być traktowana jako substytut porady lekarskiej, prawnej lub innej porady zawodowej.

SPIS TREŚCI

SPIS TREŚCI 3
WSTĘP 7
DESKI DESEROWE FESTIWALNE 8
    1. Deska deserowa Talizmany na szczęściez okazji Dnia Świętego Patryka 9
    2. Deska deserowa z okazji chińskiego Nowego Roku 11
    3. Deska Wędlin Wielkanocnych 13
    4. Walentynkowa deska deserowa 15
    5. Deska do wędlin i deserów bożonarodzeniowych 17
    6. Świąteczna i kolorowa deska do wędlin na przyjęcie urodzinowe 19
    7. Deska deserowa Christmas Cookie Extravaganza 21
    8. Deska do wędlin ze świątecznymi cukierkami 23
    9. Wakacyjna deska do wędlin deserowych 25
    10. Deska deserowa z okazji Chanuki 27
    11. Deska deserowa na imprezę sylwestrową 29
    12. Walentynkowa deska deserowa Kochanie 31
    13. Deska deserowa z zajączkiem wielkanocnym 33
    14. Deska deserowa z fajerwerkami z okazji czwartego lipca 35
    15. Deska deserowa Halloween Nawiedzone rozkosze 37
    16. Deska deserowa na Święto Dziękczynienia 39
    17. Deska deserowa Festiwalu Świateł Diwali 41
    18. Deska deserowa Ramadan Iftar 43
    19. Deska deserowa Cinco de Mayo Fiesta 45
    20. Deska deserowa Sunshine z okazji letniego przesilenia 47
    21. Deska deserowa z okazji Oktoberfest 49
    22. Deska deserowa Mroźne rozkoszez okazji przesilenia zimowego 51
REGIONALNE DESKI DESEROWE 53
    23. Deska Brie z kremem klonowym i pieczonym jabłkiem 54
    24. Włoska deska deserowa 56
    25. Francuska deska deserowa 58
    26. Amerykańska deska deserowa 60
    27. Japońska deska deserowa 62

28. Meksykańska deska deserowa 64
29. Indyjska deska deserowa 66
30. Grecka deska deserowa 68
31. Brazylijska deska deserowa 70
32. Marokańska deska deserowa 72
33. Tajska deska deserowa 74
34. Hiszpańska deska deserowa 76
35. Wietnamska deska deserowa 78
36. Turecka deska deserowa 80
37. Argentyńska deska deserowa 82
38. Koreańska deska deserowa 84
39. Australijska deska deserowa 86
40. Libańska deska deserowa 88
41. Szwedzka deska deserowa 90
42. Nigeryjska deska deserowa 92
43. Szwajcarska deska deserowa 94
44. Deska deserowa z Republiki Południowej Afryki 96
45. Malezyjska deska deserowa 98
46. Izraelska deska deserowa 100

SEZONOWE DESKI DESEROWE 102

47. Wiosenna deska deserowa 103
48. Letnia deska deserowa 105
49. Jesienna deska deserowa 107
50. Zimowa deska deserowa 109
51. Deska deserowa Jagodowa Błogość na wczesne lato 111
52. Późna letnia deska deserowa Rozkosz z owocami pestkowymi 113
53. Przytulna deska deserowa na jesienne zbiory 115
54. Deska deserowa Zimowa Kraina Czarów 117

TEMATYCZNE TABLICY DESEROWE 119

55. Deska do wędlin na wieczór filmowy 120
56. Deska do wędlin na wieczór filmowy z popcornem 122
57. Nocna deska do wędlin Taco 124
58. Deska deserowa na przyjęcie w ogrodzie 126
59. Deska deserowa na imprezę na plaży 128
60. Deska deserowa miłośnika książek 130

61. Gra Nocna tablica deserowa 132
62. Deska deserowa na bal maskowy 134
63. Deska deserowa poświęcona eksploracji kosmosu 136
64. Zabawna karnawałowa deska deserowa 138
65. Deska deserowa Tropikalny Luau 140
66. Deska deserowa z motywem jednorożca 142
67. Deska deserowa Klimat festiwalu muzycznego 144
68. Deska deserowa Zimowa Kraina Czarów 146
69. Deska deserowa w stylu retro z lat 80-tych 148
70. Letnia deska deserowa S'mores przy ognisku 150
71. Detektyw tajemnicza tablica deserowa 152
72. Wiosenna deska deserowa na przyjęcie herbaciane w ogrodzie 154

DESKI DESERÓW CZEKOLADOWYCH 156

73. Deska do wędlin czekoladowych 157
74. Kraina Cukierków „Jarcuterie" 159
75. Deska owocowa 161
76. Deska Deserowa z Truflami Czekoladowymi Żurawinowymi 163
77. Deska do wędlin S'Mores 165
78. Deska do serowego fondue 167
79. Deska do wędlin pysznego czekoladowego fondue 169
80. Deska deserowa dekadenckiego miłośnika czekolady 171
81. Klasyczna deska deserowa Ulubione czekolady 173
82. Wyśmienita deska deserowa do degustacji czekolady 175
83. Deska deserowa z białą czekoladą Kraina czarów 177
84. Deska deserowa Odpust na Skalistej Drodze 179
85. Deska deserowa o smaku miętowej czekolady Bliss 181
86. Deska deserowa marzeń Chocoholic 183
87. Deska deserowa o smaku karmelowo-czekoladowym 185
88. Deska deserowa S'mores Galore 187
89. Deska deserowa z białą czekoladą i maliną Romance 189
90. Deska deserowa Niebo z orzechami laskowymi i czekoladą 191
91. Deska deserowa z przysmakami w czekoladzie 193

DESKI DESEROWE Z KONCENTRATOREM OWOCÓW 195

92. Deska deserowa Jagodowa BłogośćBonanza 196
93. Deska deserowa z owocami tropikalnymi Paradise 198

94. Deska deserowa Wybuch cytrusów Extravaganza 200
95. Deska deserowa Orchard Zbiór zachwyca 202
96. Deska deserowa Melon Medley 204
97. Deska deserowa z egzotycznymi owocami i przygodą 206
98. Letnia deska deserowa Jagoda Fiesta 208
99. Cytrusowa, karnawałowa deska deserowa 210
100. Deska deserowa Mango Szaleństwo 212

WNIOSEK 214

WSTĘP

Witamy w „Kompletnej książce z przepisami na deski deserowe", Twoim ostatecznym przewodniku, który pomoże Ci ulepszyć grę z deserami i stworzyć najlepsze wrażenia z planszy. Ta książka kucharska to celebracja kreatywności, pobłażania i radości płynącej z dzielenia się wyśmienitymi słodyczami w oszałamiającej wizualnie i kuszącej prezentacji. Wybierz się z nami w podróż, która przekształci tradycyjne desery w ucztę dla oczu i kubków smakowych, łącząc ludzi w niezapomniane doznania kulinarne.

Wyobraź sobie pastę do smarowania wypełnioną szeregiem pysznych smakołyków, od dekadenckich czekoladek po żywe owoce, a wszystko to pomysłowo ułożone na pięknie przygotowanej desce deserowej. „Książka z przepisami na deski deserowe" to nie tylko zbiór przepisów; to eksploracja sztuki prezentacji, harmonii smaków i radości dzielenia się deserami we wspólnym gronie. Niezależnie od tego, czy planujesz specjalną okazję, czy po prostu chcesz zamienić zwykły dzień w słodką uroczystość, te przepisy zostały stworzone, aby zainspirować Cię do stworzenia desek deserowych, które urzekają i zachwycają.

Od czekoladowych desek do fondue po desery z owocami i serem, od talerzy ciasteczek po eleganckie wypieki – każdy przepis jest celebracją różnorodności i dekadencji, jaką mogą zaoferować deski deserowe. Niezależnie od tego, czy jesteś doświadczonym cukiernikiem, czy entuzjastycznym domowym piekarzem, ta książka kucharska to podstawowe źródło informacji umożliwiające tworzenie oszałamiających wizualnie i nieodparcie pysznych desek deserowych.

Dołącz do nas i wyruszamy w podróż po świecie desek deserowych, gdzie każda kreacja jest świadectwem kunsztu i radości płynącej z przekształcania deserów we wspólne doświadczenie. Zbierz więc swoje ulubione smakołyki, uwolnij kreatywność i ulepszmy swoją grę deserową dzięki „Księdze przepisów na kompletne deski deserowe".

DESKI DESEROWE FESTIWALNE

1. Deska deserowa Talizmany na szczęściez okazji Dnia Świętego Patryka

SKŁADNIKI:
- Ciasteczka z cukrem Shamrock
- tęczowe ciasteczka
- Garnek złotych czekoladowych monet
- Miętowe czekoladowe brownie
- Talizmany na szczęściePrzysmaki z pianki marshmallow
- Irlandzkie trufle czekoladowe z kremem
- Plasterki zielonego jabłka z dipem karmelowym

INSTRUKCJE:
a) Ułóż ciasteczka z cukrem koniczynowym i tęczowe babeczki.
b) Umieść garnek ze złotymi czekoladowymi monetami i miętowymi czekoladowymi ciasteczkami.
c) Rozsyp Talizmany na szczęściesmakołyki z pianki marshmallow i irlandzkie trufle z kremowej czekolady.
d) Dodaj plasterki zielonego jabłka z dipem karmelowym.

2. Deska deserowa z okazji chińskiego Nowego Roku

SKŁADNIKI:
- Kulki Sezamowe z Czerwonej Fasoli
- Tarty Ananasowe
- Ciasteczka migdałowe
- Makaron Długowieczności (Cukierki Lukrecjowe)
- Filiżanki z galaretką mandarynkowo-pomarańczową
- Ciasteczka z wróżbą
- Pałeczki Matcha Pocky

INSTRUKCJE:
a) Ułóż kulki sezamowe z czerwonej fasoli i tartę ananasową.
b) Umieść ciasteczka migdałowe i makaron długowieczności.
c) Dodaj galaretki mandarynkowo-pomarańczowe i ciasteczka z wróżbą.
d) Dołącz pałeczki matcha Pocky, aby uzyskać odrobinę zieleni.

3. Deska Wędlin Wielkanocnych

SKŁADNIKI:
- Jajka na twardo, barwione w pastelowych kolorach
- Różne cukierki wielkanocne (takie jak żelki, Peeps lub jajka czekoladowe)
- Mini babeczki lub ciasteczka ozdobione wzorami o tematyce wielkanocnej
- Paluszki marchewkowe lub młode marchewki
- Różne sery pokrojone w wielkanocne kształty (takie jak zajączki lub jajka)
- Różne krakersy lub paluszki chlebowe
- Świeże wiosenne zioła lub jadalne kwiaty do dekoracji

INSTRUKCJE:
a) Ułóż zabarwione jajka na twardo na dużej desce lub półmisku.
b) Umieść różne wielkanocne cukierki obok jajek.
c) Dodaj do planszy mini babeczki lub ciasteczka ozdobione wzorami o tematyce wielkanocnej, aby uzyskać słodki i świąteczny akcent.
d) Na desce układamy paluszki marchewkowe lub młode marchewki w kształcie marchewki.
e) Dodaj różne sery pokrojone w wielkanocne kształty, takie jak zajączki lub jajka, aby dodać fantazji.
f) Zapewnij gościom różnorodne krakersy lub paluszki chlebowe, aby mogli delektować się serami i innymi smakołykami.
g) Udekoruj świeżymi wiosennymi ziołami lub jadalnymi kwiatami, aby dodać świeżości i atrakcyjności wizualnej.
h) Podawaj i ciesz się!

4. Walentynkowa deska deserowa

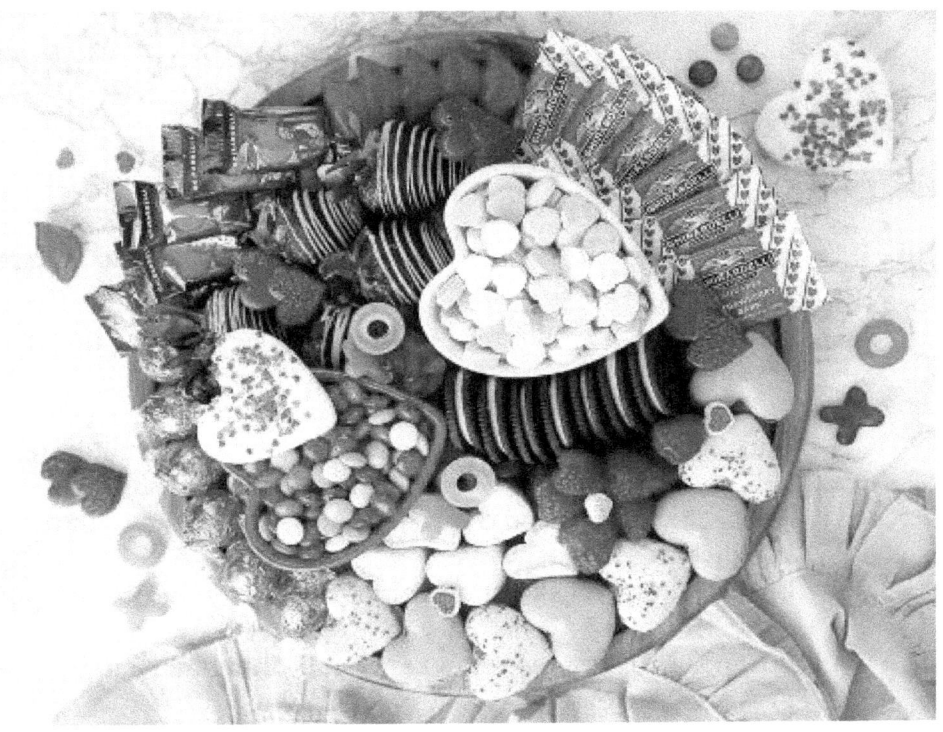

SKŁADNIKI:
- Ciasteczka lub ciasteczka w kształcie serca
- Truskawki w czekoladzie
- Babeczki z czerwonego aksamitu lub ciasto na patyku
- Różne czekoladki lub trufle
- Jogurt truskawkowy lub malinowy lub dip
- Świeże truskawki lub maliny
- Różowe lub czerwone cukierkowe serca lub pocałunki
- Do dekoracji posypka lub jadalny brokat

INSTRUKCJE:
a) Ułóż ciasteczka lub ciasteczka w kształcie serca na dużej desce lub półmisku.
b) Połóż truskawki w czekoladzie obok ciastek lub ciastek.
c) Dodaj na planszę babeczki z czerwonego aksamitu lub ciasto na patyku, aby uzyskać świąteczną i rozkoszną ucztę.
d) Dodaj różne czekoladki lub trufle, aby zapewnić różnorodność i bogactwo.
e) Podaj jogurt truskawkowy lub malinowy lub zanurz go w małych naczyniach do maczania.
f) Posyp świeżymi truskawkami lub malinami, aby uzyskać przypływ świeżości i pikantnego smaku.
g) Dodaj różowe lub czerwone cukierkowe serca lub pocałunki, aby uzyskać romantyczny akcent.
h) Dla dodatkowej dekoracji posyp deskę posypką lub jadalnym brokatem.
i) Podawaj i ciesz się!

5.Deska do wędlin i deserów bożonarodzeniowych

SKŁADNIKI:
- Różne ciasteczka świąteczne (takie jak ciasteczka cukrowe, ciasteczka piernikowe lub ciasteczka kruche)
- Mini babeczki lub ciasteczka brownie
- Kora mięty pieprzowej lub paluszki miętowe w czekoladzie
- Mus z ajerkoniaku lub białej czekolady
- Świeża żurawina lub nasiona granatu
- Laski cukierków lub cukierki miętowe
- Różne orzechy lub mieszanka szlakowa z wakacyjnymi smakami (takimi jak cynamon lub gałka muszkatołowa)
- Gałązki świeżej mięty lub rozmarynu do dekoracji

INSTRUKCJE:
a) Ułóż różne świąteczne ciasteczka na dużej desce lub półmisku.
b) Obok ciastek ułóż mini babeczki lub kawałki brownie.
c) Dodaj do deski korę mięty pieprzowej lub paluszki miętowe w czekoladzie, aby uzyskać świąteczną i miętową ucztę.
d) Do małych naczyń dodaj ajerkoniak lub mus z białej czekolady, aby uzyskać kremowy i rozkoszny element.
e) Posyp świeżą żurawiną lub nasionami granatu, aby uzyskać eksplozję koloru i pikantny smak.
f) Dodaj laski cukierków lub cukierki miętowe, aby uzyskać klasyczny świąteczny akcent.
g) Dodaj do deski różne orzechy lub mieszankę szlaków ze świątecznymi smakami, takimi jak cynamon lub gałka muszkatołowa, aby uzyskać dodatkową chrupkość i ciepło.
h) Udekoruj gałązkami świeżej mięty lub rozmarynu, aby dodać świeżości i atrakcyjności wizualnej.
i) Podawaj i ciesz się!

6. Świąteczna i kolorowa deska do wędlin na przyjęcie urodzinowe

SKŁADNIKI:
- Różne kolorowe cukierki (takie jak żelki, M&M's lub żelki)
- Mini babeczki lub cake pops
- Różne ciasteczka lub makaroniki
- Precle w czekoladzie lub popcorn
- Szaszłyki owocowe lub kebaby owocowe
- Różne dipy (takie jak dip czekoladowy lub dip serowy)
- Do dekoracji tęczowa posypka lub jadalny brokat

INSTRUKCJE:
a) Ułóż różne kolorowe cukierki w oddzielnych miseczkach na dużej desce lub półmisku.
b) Obok cukierków umieść mini babeczki lub ciasteczka.
c) Dodaj różne ciasteczka lub makaroniki na planszę, aby zapewnić różnorodność i słodycz.
d) Dodaj precle w czekoladzie lub popcorn, aby uzyskać słone i słodkie połączenie.
e) Nabij świeże owoce na szaszłyki owocowe lub uformuj kebaby owocowe.
f) Zapewnij gościom różnorodne dipy, takie jak dip czekoladowy lub dip serowy, aby goście mogli delektować się owocami i innymi smakołykami.
g) Posyp deskę tęczową posypką lub jadalnym brokatem, aby uzyskać świąteczny i kolorowy akcent.
h) Podawaj i ciesz się!

7. Deska deserowa Christmas Cookie Extravaganza

SKŁADNIKI:
- Ciasteczka Cukrowe (w kształcie gwiazd, drzew i dzwonków)
- Pierniki
- Kora czekolady miętowej
- Ciasteczka Linzer
- Pręty z preclami w czekoladzie
- Krówka Ajerkoniakowa
- Cukierkowe Laski

INSTRUKCJE:
a) Ułóż asortyment ciasteczek cukrowych w kształcie bożonarodzeniowych.
b) Ułożyć pierniki i miętową korę czekoladową.
c) Rozłóż ciasteczka linzer i precle w czekoladzie.
d) Dodaj niewielkie kwadraty krówki z ajerkoniaku.
e) Udekoruj cukierkowymi laskami, aby uzyskać świąteczny akcent.

8. Deska do wędlin ze świątecznymi cukierkami

SKŁADNIKI:
- Łyżki do mieszania o smaku mlecznej czekolady
- Koledzy na świątecznej imprezie Świętego Mikołaja
- Minty Bells
- Mieszanka przekąsek z reniferem
- Różne ciasteczka i krakersy graham itp.
- Lukier miętowo-maślany, Nutella itp.
- Deska do krojenia z drewna

INSTRUKCJE:
a) Możesz umieścić słodycze w małych naczyniach.
b) Na środek łyżek nałóż odrobinę polewy czekoladowej i udekoruj mini piankami marshmallow. Taki słodki!

9. Wakacyjna deska do wędlin deserowych

SKŁADNIKI:
- wakacyjne M&M'sy
- bułka maślana
- ciasteczka migdałowe
- Ciastka Śnieżynki
- czekoladki
- laski cukierków
- Nalewki wiśniowe w czekoladzie
- kora mięty pieprzowej
- Choinki brownie (lub zwykłe ciasteczka; dodaj czerwony lub zielony lukier, aby uzyskać odrobinę świątecznego koloru)
- kukurydza karmelowa
- mieszanka szlaków
- błotniści kumple
- precle w czekoladzie lub jogurcie
- precle w czekoladzie
- karmelowe kwadraty
- Pianki

INSTRUKCJE:
a) Znajdź największą deskę do serwowania lub drewnianą deskę do krojenia, jaką posiadasz i ustaw wyznaczone stanowisko do deserów.
b) Ułóż grupy słodkich smakołyków w pęczki. Do sypkich cukierków możesz używać krótszych słoiczków i misek po galarecie (głównie po to, aby zapobiec ich stoczeniu się).
c) Pamiętaj, aby przed położeniem na desce do wędlin rozpakować wszystkie słodycze, takie jak laski cukierków, czekoladki i kwadraty karmelowe.

10. Deska deserowa z okazji Chanuki

SKŁADNIKI:
- Rugelach (nadziewane czekoladą, orzechami i owocami)
- Sufganiyot (pączki nadziewane galaretką)
- Niebiesko-białe M&M's lub drażetki czekoladowe
- Chanukowe ciasteczka z cukrem
- Precle w czekoladzie w kształcie menory
- Żel czekoladowy
- Plasterki ciasta miodowego

INSTRUKCJE:
a) Ułóż rugelach i sufganiyot na planszy.
b) Dodaj niebiesko-białe M&M's lub drażetki czekoladowe.
c) Ułóż chanukowe ciasteczka z cukrem i precle w kształcie menory w czekoladzie.
d) Rozprowadź żel czekoladowy po całej planszy.
e) Dodaj plasterki ciasta miodowego, aby uzyskać tradycyjny akcent.

11. Deska deserowa na imprezę sylwestrową

SKŁADNIKI:
- Trufle Szampańskie
- Żelki-misie z winem musującym
- Truskawki w czekoladzie
- Mini ciasteczka sernikowe
- Makaroniki posypane złotem
- Świąteczne babeczki
- Fondue z ciemnej czekolady z dipami

INSTRUKCJE:
a) Ułóż trufle szampańskie i żelki-misie z winem musującym.
b) Ułożyć truskawki w czekoladzie i kawałki mini sernika.
c) Rozsyp posypane złotem makaroniki i świąteczne babeczki.
d) Przygotuj fondue z ciemnej czekolady z różnymi dipami.

12. Walentynkowa deska deserowa Kochanie

SKŁADNIKI:
- Whoopie Pies z czerwonego aksamitu w kształcie serca
- Truskawki w czekoladzie
- Blondynki z malinami i białą czekoladą
- Szaszłyki z Truskawkowych Ciastek
- Ciasteczka Cukrowe Serca Rozmowy
- Trufle z czerwonego aksamitu
- Nasiona granatu

INSTRUKCJE:
a) Ułóż czerwone aksamitne ciasteczka w kształcie serca i truskawki w czekoladzie.
b) Na wierzchu ułóż blondiny z malinami i białą czekoladą oraz szaszłyki z kruchego ciasta truskawkowego.
c) Rozproszone ciasteczka z cukrem w kształcie serca i trufle z czerwonego aksamitu.
d) Posyp pestkami granatu, aby uzyskać eksplozję koloru.

13. Deska deserowa z zajączkiem wielkanocnym

SKŁADNIKI:

- Babeczki marchewkowe z polewą serową
- Cukrowe ciasteczka w kształcie króliczka
- Mini czekoladowe jajka i czekoladowe króliczki zawinięte w folię
- Tarty Cytrynowo-Jagodowe
- Gniazda makaroników kokosowych wypełnione jajkami Mini Cadbury
- Pręty Precli Oblane Białą Czekoladą

INSTRUKCJE:

a) Babeczki z ciasta marchewkowego posmaruj kremowym serkiem.
b) Ułóż ciasteczka w kształcie zajączka i mini czekoladowe jajka.
c) Rozłóż tarty cytrynowo-jagodowe i gniazda makaroników kokosowych.
d) Dodaj precle w białej czekoladzie.

14. Deska deserowa z fajerwerkami z okazji czwartego lipca

SKŁADNIKI:
- Kaboby owocowe z motywem flagi (truskawki, jagody i pianki)
- Przekąski sernika czerwonego, białego i jagodowego
- Patriotyczne ciasteczka cukrowe
- Lody z jagodami i malinami
- Firework Popcorn Mix (popcorn z polewą z czerwonej, białej i niebieskiej czekolady)
- Sorbet z lemoniadą jagodową

INSTRUKCJE:
a) Ułóż kebaby owocowe z motywem flagi.
b) Ułóż kawałki sernika czerwonego, białego i jagodowego.
c) Rozsyp patriotyczne ciasteczka z cukrem i owocowe lody na patyku.
d) Dodaj miskę fajerwerkowej mieszanki popcornu i porcje sorbetu z lemoniadą jagodową.

15. Deska deserowa Halloween Nawiedzone rozkosze

SKŁADNIKI:
- Babeczki w kapeluszu wiedźmy
- Mamusia Brownie gryzie
- Cukierkowe ciasteczka kukurydziane z cukrem
- Ciasto Pops z Przyprawą Dyniową
- Ghost Marshmallow Pops
- Plasterki Jabłek w Karmelu
- Różne cukierki Halloween

INSTRUKCJE:
a) Ułóż babeczki z kapeluszem czarownicy i ciasteczka mumii.
b) Umieść cukierkowe ciasteczka kukurydziane i ciasteczka z przyprawami dyniowymi.
c) Rozłóż duchowe pianki marshmallow i plasterki karmelowego jabłka.
d) Dodaj asortyment cukierków Halloween, aby uzyskać upiorny akcent.

16. Deska deserowa na Święto Dziękczynienia

SKŁADNIKI:
- Mini ciasta dyniowe
- Batoniki z Pekanami
- Otwory na pączki jabłkowe
- Klonowe Glazurowane Jabłkowe Blondies
- Zbiór Trail Mix (orzechy, suszone owoce i czekolada)
- Lizaki Karmelowo Jabłkowe
- Kubeczki z musem Pumpkin Spice Latte

INSTRUKCJE:
a) Ułóż mini placki dyniowe i batoniki z orzechami pekan.
b) Umieść dziury w pączkach z jabłkiem i klonowe blondy z jabłkami.
c) Rozsyp mieszankę szlaków żniwnych i lizaki z karmelowymi jabłkami.
d) Dodaj kubki z musem latte z przyprawami dyniowymi, aby uzyskać świąteczny akcent.

17. Deska deserowa Festiwalu Świateł Diwali

SKŁADNIKI:
- Gulab Jamun
- Jalebi
- Kaju Katli (Krówka z nerkowców)
- Lado kokosowe
- Besan Ladoo
- Gajar Halwa (Marchewkowa Halwa)
- Pistacje i migdały Barfi

INSTRUKCJE:
a) Ułóż na planszy gulab jamun, jalebi i różne ladoos.
b) Ułożyć kawałki kaju katli i pistacjowo-migdałowego barfi.
c) Dodaj porcje gajar halwa, aby uzyskać świąteczny akcent.

18. Deska deserowa Ramadan Iftar

SKŁADNIKI:
- Qatayef (nadziewane naleśniki arabskie)
- Basbousa (Revani)
- Daktyle Nadziewane Orzechami
- Asortyment Baklawy
- Atayef Asafiri (Naleśniki z Kremem)
- Roladki Kunafa
- Pudding ryżowy z wodą różaną

INSTRUKCJE:
a) Ułóż na planszy qatayef, basbousa i atayef asafiri.
b) Umieść daktyle nadziewane orzechami i asortymentem baklawy.
c) Dodaj bułki kunafa i porcje puddingu ryżowego z wodą różaną.

19. Deska deserowa Cinco de Mayo Fiesta

SKŁADNIKI:
- Ukąszenia Churro
- Kwadraty Tortowe Tres Leches
- Babeczki Margarita
- Conchas wypełnione Dulce de Leche
- Plasterki mango z przyprawą chili i limonką
- Meksykańskie Trufle Czekoladowe
- Ciasteczka Cukrowe Piñata

INSTRUKCJE:
a) Ułóż kwadraty z churro bites i tres leches.
b) Ułóż babeczki margarita i konchy nadziewane dulce de leche.
c) Posyp plasterki mango przyprawą chili-limonka.
d) Dodaj meksykańskie trufle czekoladowe i ciasteczka z cukrem piñata.

20. Deska deserowa Sunshine z okazji letniego przesilenia

SKŁADNIKI:
- batoniki cytrynowe
- Pomarańczowe lody na patyku
- Kubeczki z ananasowo-kokosowym puddingiem ryżowym
- Tartaletki z jagodami
- Słonecznikowe Ciasteczka Cukrowe
- Sorbet mango
- Plasterki Kiwi

INSTRUKCJE:
a) Ułóż batony cytrynowe i pomarańczowe lody na patyku.
b) Ułóż kubki z ananasowo-kokosowym puddingiem ryżowym i tartaletki z mieszanką jagód.
c) Rozłóż ciasteczka z cukrem słonecznikowym.
d) Dodaj gałkę sorbetu z mango i plasterki kiwi.

21. Deska deserowa z okazji Oktoberfest

SKŁADNIKI:
- Babeczki Szwarcwaldzkie
- Ukąszenia strudla jabłkowego
- Precle Karmelowe Brownie Bites
- Niemieckie trufle czekoladowe
- Stollen Plasterki nadziewane marcepanem
- Śliwkowe Batony Kuchenne
- Miodowo-Migdałowe Ciasteczka Lebkuchen

INSTRUKCJE:
a) Ułóż babeczki z czarnego lasu i strudel jabłkowy.
b) Połóż precle, karmelowe ciasteczka i niemieckie trufle czekoladowe.
c) Rozłóż nadziewane marcepanem plastry stollenu i batoniki śliwkowe kuchen.
d) Dodaj miodowo-migdałowe ciasteczka lebkuchen, aby uzyskać słodki akcent.

22. Deska deserowa Mroźne rozkoszez okazji przesilenia zimowego

SKŁADNIKI:
- Kora mięty pieprzowej
- Cukrowe ciasteczka w kształcie płatków śniegu
- Babeczki z gorącą czekoladą
- Ciasto Pops z Zimowej Krainy Czarów
- Pręty z preclami w białej czekoladzie
- Musujący sorbet żurawinowy
- Przekąski sernika z ajerkoniakiem

INSTRUKCJE:
a) Ułóż ciasteczka z kory mięty pieprzowej i płatków śniegu.
b) Umieść gorące babeczki czekoladowe i ciasteczka z zimową krainą czarów.
c) Rozłóż pręty precli oblanych białą czekoladą.
d) Dodaj gałkę musującego sorbetu żurawinowego i kawałki sernika ajerkoniakowego.

REGIONALNE DESKI DESEROWE

23. Deska Brie z kremem klonowym i pieczonym jabłkiem

SKŁADNIKI:
- Koło sera Brie
- Krem klonowy lub syrop klonowy
- Pokrojone jabłka
- Różne krakersy lub chleb
- Orzechy (takie jak pekan lub orzechy włoskie)
- Świeże gałązki rozmarynu do dekoracji

INSTRUKCJE:
a) Rozgrzej piekarnik do 175°C (350°F).
b) Umieść kółko sera Brie na blasze do pieczenia wyłożonej papierem pergaminowym.
c) Skropić serem Brie kremem klonowym lub syropem klonowym.
d) Piec w nagrzanym piekarniku przez około 10-12 minut lub do momentu, aż ser będzie miękki i lepki.
e) Wyjąć z piekarnika i pozostawić do lekkiego ostygnięcia.
f) Ułóż pokrojone jabłka wokół pieczonego Brie na desce lub półmisku.
g) Dodaj różne krakersy lub chleb, aby goście mogli delektować się serem i jabłkami.
h) Rozsyp orzechy po całej desce, aby dodać chrupkości i smaku.
i) Udekoruj świeżymi gałązkami rozmarynu, aby dodać świeżości i atrakcyjności wizualnej.
j) Podawaj i ciesz się!

24. Włoska deska deserowa

SKŁADNIKI:
- Skorupy cannoli
- Kubki tiramisu
- Panna cotta z kompotem jagodowym
- Ciasteczka Amaretti
- Ziarna espresso w czekoladzie
- świeże jagody

INSTRUKCJE:
a) Na desce ułóż muszelki cannoli i kubki tiramisu.
b) Rozłóż panna cottę w pojedynczych porcjach i polej kompotem jagodowym.
c) Posyp ciasteczkami amaretti i ziarnami espresso w czekoladzie.
d) Udekoruj świeżymi jagodami.

25. Francuska deska deserowa

SKŁADNIKI:
- Eklery
- Makaroniki (różne smaki)
- Krem brulee
- Madeleines
- Tarty owocowe
- Trufle czekoladowe

INSTRUKCJE:
a) Na desce układamy eklery i makaroniki.
b) Nałóż pojedyncze porcje crème brûlée.
c) Posyp magdalenki, tarty owocowe i trufle czekoladowe.
d) Dodaj jadalne kwiaty, aby uzyskać dekoracyjny akcent.

26. Amerykańska deska deserowa

SKŁADNIKI:
- Plasterki szarlotki
- Sernikowe kwadraty
- Batoniki z ciasta orzechowego
- Brownie gryzie
- Różne cukierki
- Popcorn karmelowy

INSTRUKCJE:
a) Ułożyć plasterki szarlotki i kwadraty sernika.
b) Na desce ułóż batoniki z orzechami pekan i kawałki brownie.
c) Rozsyp różne cukierki i popcorn karmelowy.
d) Polej desery sosem karmelowym.

27. Japońska deska deserowa

SKŁADNIKI:
- Lody Mochi (różne smaki)
- Kawałki sernika Matcha
- Taiyaki (ciasta w kształcie ryb ze słodkim nadzieniem)
- Yokan (słodka galaretka z czerwonej fasoli)
- Dorayaki (słodkie naleśniki z nadzieniem z czerwonej fasoli)
- Świeże liczi

INSTRUKCJE:
a) Ułóż lody mochi i kawałki sernika matcha.
b) Połóż taiyaki i yokan na planszy.
c) Posyp dorayaki i świeżym liczi.
d) Udekoruj listkami mięty, aby uzyskać efekt kolorystyczny.

28. Meksykańska deska deserowa

SKŁADNIKI:
- Churros z sosem czekoladowym
- Kwadraty z ciasta Tres Leches
- Meksykańskie ślubne ciastka
- Mango z chili w proszku
- Dulce de leche flan
- Sopapilles posypane cukrem cynamonowym

INSTRUKCJE:
a) Ułóż churros z dodatkiem sosu czekoladowego.
b) Na planszy ułóż kwadraty ciasta tres leches.
c) Rozłóż meksykańskie ciasteczka ślubne i plasterki mango.
d) Dodaj dulce de leche flan i sopapillas posypane cukrem cynamonowym.

29. Indyjska deska deserowa

SKŁADNIKI:
- Gulab jamun
- Rasgulla
- Jalebi
- Kubki Kheer
- Łado kokosowe
- Burfi pistacjowo-migdałowe

INSTRUKCJE:
a) Na planszy ułóż gulab jamun i rasgulla.
b) Umieść jalebi w atrakcyjny wizualnie wzór.
c) Dodaj pojedyncze porcje filiżanek kheer.
d) Posyp kokosowym ladoo i pistacjowo-migdałowym burfi.

30. Grecka deska deserowa

SKŁADNIKI:
- Ukąszenia Baklawy
- Loukoumades (greckie pączki)
- Jogurt z miodem i orzechami włoskimi
- Galaktoboureko (ciasto filo nadziewane kremem)
- Wypieki figowe i miodowe
- Morele i ser feta

INSTRUKCJE:
a) Ułóż na desce kawałki baklawy i loukoumades.
b) Do małych miseczek włóż jogurt z miodem i orzechami włoskimi.
c) Dodaj plasterki galaktoboureko oraz ciastka figowo-miodowe.
d) Posypać świeżymi morelami i kawałkami sera feta.

31. Brazylijska deska deserowa

SKŁADNIKI:

- Brigadeiros (trufle czekoladowe)
- Beijinhos (trufle kokosowe)
- Quindim (krem kokosowo-żółtkowy)
- Cocada (deser z kokosa i mleka skondensowanego)
- Pão de mel (chleb miodowy)
- Kubeczki z musem z marakui

INSTRUKCJE:

a) Na planszy ułóż brigadeiros i beijinhos.
b) Umieść quindim i cocadę w małych porcjach.
c) Dodaj plasterki pão de mel.
d) Rozłóż kubki z musem z marakui.

32. Marokańska deska deserowa

SKŁADNIKI:
- Cygara Baklawa
- Ciasteczka Ma'amoul (nadziewane daktylami i orzechami)
- Nugat o zapachu wody różanej
- Sałatka owocowa z dodatkiem herbaty miętowej
- Ciasteczka sezamowo-miodowe
- Ciasteczka z migdałami i kwiatami pomarańczy

INSTRUKCJE:
a) Na desce ułóż cygara baklava i ciasteczka ma'amoul.
b) Dodaj w małych kawałkach nugat o zapachu wody różanej.
c) Stwórz orzeźwiającą sałatkę owocową z dodatkiem herbaty miętowej.
d) Do tego ciasteczka z sezamem i miodem oraz ciastka z kwiatami migdałów i pomarańczy.

33. Tajska deska deserowa

SKŁADNIKI:

- Lepki ryż z mango
- Mleko kokosowe i galaretka pandanowa
- Tajskie kulki kokosowe (kanom tom)
- Kubki z taro i kremem kokosowym
- Tajska mrożona panna cotta z herbatą
- Smażone placki bananowe

INSTRUKCJE:

a) Ułóż kleisty ryż z mango, mleko kokosowe i galaretkę pandanową.
b) Obejmuje tajskie kulki kokosowe i kubki z kremem taro i kokosem.
c) Przygotuj indywidualną porcję tajskiej panna cotty mrożonej herbaty.
d) Na desce rozłóż smażone placki bananowe.

34. Hiszpańska deska deserowa

SKŁADNIKI:
- Churro Bits z sosem karmelowym
- Hiszpański flan
- Turrón (nugat migdałowy)
- Crema Catalana
- Polvorones (kruche ciasto migdałowe)
- Plasterki ciasta pomarańczowego i migdałowego

INSTRUKCJE:
a) Ułóż kęsy churro z dodatkiem sosu karmelowego.
b) Na desce ułóż hiszpański flan i plastry turrónu.
c) Dodawaj Crema Catalana w pojedynczych porcjach.
d) Dodaj polvorones i plasterki ciasta pomarańczowo-migdałowego.

35. Wietnamska deska deserowa

SKŁADNIKI:
- Wietnamska galaretka kokosowo-pandanowa
- Che Ba Mau (deser trójkolorowy)
- Banh Cam (kulki sezamowe)
- Xoi La Cam (kleisty ryż z fasolą mung)
- Wietnamski flan o smaku kawowym
- Sajgonki z jackfruitem i liczi

INSTRUKCJE:
a) Na desce ułóż wietnamską galaretkę kokosowo-pandanową.
b) Obejmuje porcje Che Ba Mau i Banh Cam.
c) Dodawaj Xoi La Cam w małych porcjach.
d) Stwórz indywidualną porcję wietnamskiego flanu o smaku kawy.
e) Rozłóż sajgonki z owocami jackfruit i liczi.

36. Turecka deska deserowa

SKŁADNIKI:

- Turecka rozkosz (różne smaki)
- Kunefe (rozdrobnione filo z nadzieniem ze słodkiego sera)
- Revani (ciasto z semoliny)
- Sütlaç (pudding ryżowy)
- Kwadraty Baklawy
- Ciasteczka pistacjowe

INSTRUKCJE:

a) Ułóż turecką rozkosz w różnych smakach.
b) Umieść kunefe i Revani na planszy.
c) Dodaj pojedyncze porcje sütlaç.
d) Rozłóż kwadraty baklawy i ciasteczka pistacjowe.

37. Argentyńska deska deserowa

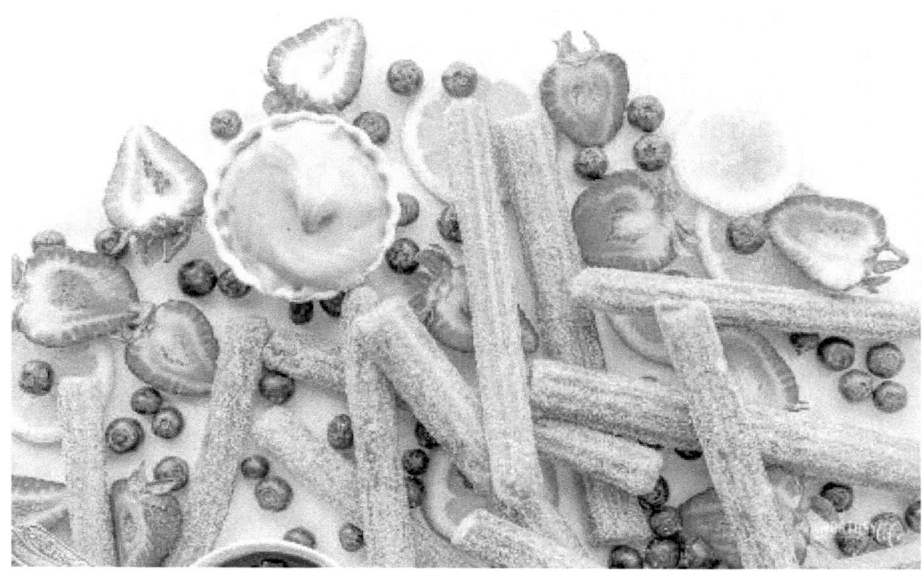

SKŁADNIKI:
- Alfajores (ciasteczka nadziewane dulce de leche)
- Kawałki ciasta Tres Leches
- Chocotorta (ciasto czekoladowo-ciastkowe)
- Churros nadziewane dulce de leche
- Pasta pigwowa z serem
- Argentyńskie ciasteczka cytrynowe (alfajor de limón)

INSTRUKCJE:
a) Ułóż kawałki ciasta alfajores i tres leches.
b) Na desce ułóż plasterki chocotorty.
c) Dodaj churros nadziewane dulce de leche.
d) Do tego pasta pigwowa z serem i argentyńskie ciasteczka cytrynowe.

38. Koreańska deska deserowa

SKŁADNIKI:
- Bingsu (deser z golonego lodu)
- Hotteok (słodkie naleśniki z nadzieniem z brązowego cukru)
- Injeolmi (ciasto ryżowe panierowane w mące fasolowej)
- Yakgwa (ciasteczka miodowe)
- Patbingsu (lód z czerwonej fasoli)
- Koreańskie szaszłyki z ciasta ryżowego

INSTRUKCJE:
a) Ułóż na planszy bingsu i hotteok.
b) Umieść injeolmi i yakgwa w małych porcjach.
c) Dodaj porcje patbingsu.
d) Dla urozmaicenia dołącz koreańskie szaszłyki z ciasta ryżowego.

39. Australijska deska deserowa

SKŁADNIKI:

- Lamingtony (biszkopt pokryty orzechami kokosowymi)
- Gniazda Pavlova ze świeżymi owocami
- Ciasteczka Anzac (ciasteczka owsiane i kokosowe)
- Ciasteczka czekoladowe Tim Tam
- Krówka z nasion akacji i orzechów makadamia
- Tartaletki z marakui

INSTRUKCJE:

a) Na planszy ułóż lamingtony i gniazda pavlova.
b) Posyp ciasteczkami Anzac i ciasteczkami czekoladowymi Tim Tam.
c) Dodaj kawałki nasion akacji i krówki z orzechów makadamia.
d) Dodaj tartaletki z marakui, aby uzyskać orzeźwiający akcent.

40. Libańska deska deserowa

SKŁADNIKI:

- Bat bojowy nadziewany asztą (ciasto filo)
- Ma'amoul (ciasteczka nadziewane daktylami i orzechami)
- Pudding ryżowy z wodą z kwiatu pomarańczy
- Libańskie cukierki sezamowe (nugat z sezamem)
- Atayef (naleśniki nadziewane)
- Mafroukeh (deser z kaszy manny i orzechów)

INSTRUKCJE:

a) Ułóż na planszy bat bojowy i ma'amoul wypełnione asztą.
b) Podawaj budyń ryżowy w małych filiżankach z odrobiną wody z kwiatu pomarańczy.
c) Posyp libańskimi cukierkami sezamowymi i atayefem.
d) Dla urozmaicenia dodaj kawałki mafroukeh.

41. Szwedzka deska deserowa

SKŁADNIKI:
- Szwedzkie bułeczki cynamonowe (kanelbullar)
- Kawałki ciasta księżniczki (prinsesstårta)
- Tartaletki z borówkami
- Czekoladki nadziewane marcepanem
- Chleb chrupki żytni z masłem i serem
- Zupa jagodowa (blåbärssoppa)

INSTRUKCJE:
a) Ułóż szwedzkie bułeczki cynamonowe i plasterki ciasta księżniczki.
b) Dodaj tartaletki z borówkami i czekoladki nadziewane marcepanem.
c) Podawaj chrupkie pieczywo żytnie z masłem i serem.
d) Dołącz małe filiżanki zupy jagodowej.

42. Nigeryjska deska deserowa

SKŁADNIKI:
- Chin-Chin (smażone kawałki ciasta)
- Puff Puff (smażone w głębokim tłuszczu kulki ciasta)
- Nigeryjskie cukierki kokosowe
- Boli (grillowane banany)
- Moi Moi (budyń z fasoli na parze)
- Akara (smażone placki fasolowe)

INSTRUKCJE:
a) Na desce ułóż podbródek i puff puff.
b) Dodaj kawałki nigeryjskich cukierków kokosowych.
c) Podawaj boli i moi moi w małych porcjach.
d) Dodaj akarę jako pikantny element.

43. Szwajcarska deska deserowa

SKŁADNIKI:
- Szwajcarskie fondue czekoladowe z dipami (owoce, pianki, precle)
- Nusstorte (tarta z nadzieniem orzechowym)
- Basler Läckerli (ciasteczka z miodem i przyprawami)
- Ciasteczka na bezie szwajcarskiej
- Kubki do musli firmy Bircher
- Zürcher Eintopf (gorąca czekolada w stylu zuryskim)

INSTRUKCJE:
a) Ułóż garnek do czekoladowego fondue z różnymi dipami.
b) Ułożyć plasterki nusstorte i Basler Läckerli.
c) Dodaj ciasteczka na bezie szwajcarskiej i pojedyncze porcje musli brzozowego.
d) Dołącz małe filiżanki Zürcher Eintopf do popijania.

44. Deska deserowa z Republiki Południowej Afryki

SKŁADNIKI:
- Budyń Malva
- Koeksisters (smażone ciastka z ciasta)
- Melktert (tarta mleczna)
- Mus czekoladowy Amarula
- Gotowane gruszki z dodatkiem Rooibos
- Ciasteczka Hertzoggiego

INSTRUKCJE:
a) Na desce ułóż budyń z malwy i koeksisters.
b) Ułożyć plasterki melktertu i pojedyncze porcje musu czekoladowego Amarula.
c) Dodaj gotowane gruszki z dodatkiem rooibos, aby uzyskać wyjątkowy efekt.
d) Dodaj ciasteczka Hertzoggie, aby uzyskać smak kokosa i dżemu.

45. Malezyjska deska deserowa

SKŁADNIKI:
- Kuih Lapis (warstwowe ciasto gotowane na parze)
- Ondeh-Ondeh (kleiste kulki ryżowe z cukrem palmowym)
- Pulut Tai Tai (niebieski kleisty placek ryżowy)
- Cendol (kruszony lód z cukrem palmowym i mlekiem kokosowym)
- Tost Kaya z Jajkami Na Pół Gotowane
- Durian Mochi

INSTRUKCJE:
a) Ułóż na tablicy kuih lapis i ondeh-ondeh.
b) Połóż plasterki pulut tai tai i podawaj cendol w małych miseczkach.
c) Dodaj tost kaya z jajkami na pół, aby uzyskać pikantny element.
d) Dodaj durian mochi, aby uzyskać niepowtarzalny malezyjski smak owocowy.

46. Izraelska deska deserowa

SKŁADNIKI:
- Rugelach (ciasto walcowane z nadzieniem)
- Plasterki chałwy (słodkie na bazie sezamu)
- Sufganiyot (pączki nadziewane galaretką)
- Malabi (budyń z wodą różaną)
- Czekoladowe plasterki Babki
- Izraelska sałatka owocowa

INSTRUKCJE:
a) Na desce układamy plasterki rugelach i chałwy.
b) Umieść sufganiyot i malabi w małych porcjach.
c) Dodaj plasterki babki czekoladowej, aby uzyskać bogaty smak czekolady.
d) Dla orzeźwienia podawaj izraelską sałatkę owocową.

SEZONOWE DESKI DESEROWE

47. Wiosenna deska deserowa

SKŁADNIKI:
- Ukąszenia Ciasteczka Truskawkowego
- Tartaletki Cytrynowo-Jagodowe
- Parfaits z pistacjami i jogurtem miodowym
- Jadalne babeczki z płatkami kwiatów
- Mini Pavlova gniazduje ze świeżymi jagodami
- Sorbet rabarbarowy

INSTRUKCJE:
a) Ułóż ciasteczka truskawkowe i tartaletki cytrynowo-jagodowe.
b) Do małych szklanek włóż parfait z pistacji i jogurtu miodowego.
c) Udekoruj mini gniazdami Pavlova posypanymi świeżymi jagodami.
d) Dodaj babeczki ozdobione płatkami jadalnych kwiatów.
e) Podawaj sorbet rabarbarowy w osobnych miseczkach.

48. Letnia deska deserowa

SKŁADNIKI:

- Szaszłyki z arbuza i fety
- Kubeczki z puddingiem ryżowo-kokosowym z mango
- Grillowany ananas z polewą miodowo-limonkową
- Mieszane kawałki sernika jagodowego
- Sorbet z owoców tropikalnych
- Kluczowe batoniki z limonką

INSTRUKCJE:

a) Na desce układamy szaszłyki z arbuza i fety.
b) Ułóż kubki z budyniem ryżowym z mango i kokosem oraz grillowanym ananasem.
c) Rozłóż kawałki sernika jagodowego.
d) Dodaj gałkę sorbetu z owoców tropikalnych.
e) Dołącz plasterki kluczowych batonów limonkowych.

49. Jesienna deska deserowa

SKŁADNIKI:
- Pączki jabłkowe
- Batony sernikowe z przyprawami dyniowymi
- Plasterki Jabłek w Karmelu
- Ukąszenia ciasta orzechowego
- Tartaletki klonowo-orzechowe
- Kawałki ciasta migdałowego z żurawiną i pomarańczą

INSTRUKCJE:
a) Ułóż pączki z jabłkiem i batoniki z sernikiem dyniowym.
b) Ułóż plasterki jabłek w karmelu i kawałki ciasta orzechowego.
c) Rozłóż tartaletki klonowo-orzechowe.
d) Dodaj plasterki żurawinowo-pomarańczowego ciasta migdałowego.

50.Zimowa deska deserowa

SKŁADNIKI:
- Miętowe ciasteczka Brownie
- Eggnog Panna Cotta z Cynamonem
- Pierniki
- Klementynki w czekoladzie
- Trufle Malinowe z Białą Czekoladą
- Pikantna gorąca czekolada z piankami marshmallow

INSTRUKCJE:
a) Ułóż miętowe brownie i panna cotta z ajerkoniaku.
b) Ułożyć pierniki i klementynki w czekoladzie.
c) Posyp truflami malinowymi z białej czekolady.
d) Podawaj ostrą gorącą czekoladę w kubkach z piankami marshmallow.

51. Deska deserowa Jagodowa Błogośćna wczesne lato

SKŁADNIKI:
- Szaszłyki z Truskawkowych Ciastek
- Batoniki jagodowo-cytrynowe
- Tartaletki Malinowo-Migdałowe
- Sorbet jeżynowy
- muffinki z cytrynowym makiem
- Mieszane parfaity jagodowe

INSTRUKCJE:
a) Ułóż szaszłyki z ciasta truskawkowego i batoniki cytrynowo-jagodowe.
b) Ułożyć tartaletki malinowo-migdałowe i sorbet jeżynowy.
c) Posyp cytrynowymi babeczkami z makiem.
d) Podawać mieszane parfaity jagodowe w osobnych szklankach.

52. Późna letnia deska deserowa Rozkosz z owocami pestkowymi

SKŁADNIKI:
- Brzoskwiniowe batony Cobbler
- Plasterki Galette ze śliwkami i migdałami
- Sorbet z nektarynki i bazylii
- Energetyczne przekąski z moreli i pistacji
- Grillowane brzoskwinie z polewą miodową
- Dip Sernik Wiśniowy

INSTRUKCJE:
a) Ułóż batoniki brzoskwiniowe i plasterki galette śliwkowo-migdałowej.
b) Nałóż sorbet z nektarynki i bazylii oraz energetyzujące kęsy morelowo-pistacyjne.
c) Posyp grillowane brzoskwinie polewą miodową.
d) Podawaj w misce dip sernikowy wiśniowy.

53. Przytulna deska deserowa na jesienne zbiory

SKŁADNIKI:
- Batoniki jabłkowe
- Ciasto Dyniowe Whoopie
- Prażone orzechy klonowe i cynamonowe
- Kromki chleba żurawinowo-pomarańczowego
- Ciasteczka klonowo-pekanowo-żołędziowe
- Kubki na budyń toffi

INSTRUKCJE:
a) Ułóż chrupiące batony jabłkowe i placki dyniowe.
b) Ułóż prażone orzechy cynamonowo-klonowe i kromki chleba z żurawiną i pomarańczą.
c) Rozłóż ciasteczka klonowo-orzechowe i żołędziowe.
d) Podawaj pucharki z budyniem toffi w małych miseczkach.

54. Deska deserowa Zimowa Kraina Czarów

SKŁADNIKI:
- Ukąszenia Brownie z kory mięty pieprzowej
- Tarty z kremem jajecznym
- Cukrowane Żurawiny
- Pręty z preclami w czekoladzie
- Pikantna pomarańczowa Panna Cotta
- Ciastka Śnieżynki

INSTRUKCJE:
a) Ułóż miętowe ciasteczka z kory i tarty z kremem z ajerkoniaku.
b) Ułożyć cukrową żurawinę i precle w czekoladzie.
c) Posyp przyprawioną pomarańczową panna cotta.
d) Podawaj ciasteczka w formie śnieżek w dekoracyjnej aranżacji.

TEMATYCZNE TABLICY DESEROWE

55. Deska do wędlin na wieczór filmowy

SKŁADNIKI:
- Popcorn (taki jak maślany, karmelowy lub serowy)
- Różne przyprawy do popcornu (takie jak ranczo, grill lub cukier cynamonowy)
- Cukierki czekoladowe lub popcorn w czekoladzie
- Różne orzechy (takie jak orzeszki ziemne, migdały lub orzechy nerkowca)
- Precle lub mini paluszki precli
- Suszone owoce (takie jak żurawina lub rodzynki)
- Różne przekąski kinowe (takie jak słodycze, lukrecja lub żelki w kształcie misiów)

INSTRUKCJE:
a) Ułóż różne smaki popcornu w oddzielnych miskach na dużej desce lub półmisku.
b) Umieść różne przyprawy do popcornu obok misek z popcornem.
c) Dodaj do planszy cukierki czekoladowe lub popcorn w czekoladzie, aby uzyskać słodką przekąskę.
d) Rozłóż na desce różne orzechy, precle i suszone owoce, aby dodać chrupkości i smaku.
e) Dołącz różnorodne przekąski kinowe, takie jak cukierki, lukrecja lub żelki w kształcie misiów, aby uzyskać zabawny i nostalgiczny akcent.
f) Podawaj i ciesz się!

56. Deska do wędlin na wieczór filmowy z popcornem

SKŁADNIKI:
- Różne smaki popcornu (takie jak maślany, karmelowy lub serowy)
- Różne przyprawy do popcornu (takie jak ranczo, grill lub cukier cynamonowy)
- Cukierki czekoladowe lub popcorn w czekoladzie
- Różne orzechy (takie jak orzeszki ziemne, migdały lub orzechy nerkowca)
- Precle lub mini paluszki precli
- Suszone owoce (takie jak żurawina lub rodzynki)
- Różne przekąski kinowe (takie jak słodycze, lukrecja lub żelki w kształcie misiów)

INSTRUKCJE:
a) Ułóż różne smaki popcornu w oddzielnych miskach na dużej desce lub półmisku.
b) Umieść różne przyprawy do popcornu obok misek z popcornem.
c) Dodaj do planszy cukierki czekoladowe lub popcorn w czekoladzie, aby uzyskać słodką przekąskę.
d) Rozłóż na desce różne orzechy, precle i suszone owoce, aby dodać chrupkości i smaku.
e) Dołącz różnorodne przekąski kinowe, takie jak cukierki, lukrecja lub żelki w kształcie misiów, aby uzyskać zabawny i nostalgiczny akcent.
f) Podawaj i ciesz się!

57. Nocna deska do wędlin Taco

SKŁADNIKI:

- Różne nadzienia do taco (takie jak sezonowana mielona wołowina, szaszłyki kurczaka lub grillowane warzywa)
- Tortille (takie jak tortille z mąki lub tortille kukurydziane)
- Różne dodatki (takie jak posiekana sałata, pokrojone w kostkę pomidory, pokrojona cebula lub posiekana kolendra)
- Pokrojone w plasterki papryczki jalapeno lub marynowane papryczki jalapeno
- Guacamole lub pokrojone awokado
- Salsa lub ostry sos
- Śmietana lub jogurt grecki

INSTRUKCJE:

a) Ugotuj nadzienie do taco według własnych upodobań (przyprawiona mielona wołowina, szaszłyki kurczaka lub grillowane warzywa).
b) Ugotowane nadzienie do taco ułóż w oddzielnych miskach na dużej desce lub półmisku.
c) Wokół nadzienia ułóż tortille i różne dodatki, takie jak posiekana sałata, pokrojone w kostkę pomidory, pokrojona w plasterki cebula lub posiekana kolendra.
d) Na deskę dodaj pokrojone lub marynowane papryczki jalapeño, guacamole lub pokrojone awokado, salsę lub ostry sos oraz kwaśną śmietanę lub jogurt grecki.
e) Pozwól gościom przygotowywać własne tacos, wypełniając tortille wybranymi nadzieniami i dodatkami.
f) Podawaj i ciesz się!

58. Deska deserowa na przyjęcie w ogrodzie

SKŁADNIKI:
- Babeczki Kwiatowe
- Tartaletki z jagodami i mascarpone
- Jadalne Kruche Ciasteczka Kwiatowe
- Madeleines cytrynowo-lawendowy
- Szaszłyki owocowe z dipem jogurtowo-miodowym
- Makaroniki z płatkami róż
- Sorbet malinowo-różowy

INSTRUKCJE:
a) Ułóż kwiatowe babeczki i tartaletki jagodowo-mascarpone.
b) Ułóż jadalne ciasteczka kwiatowe i magdalenki cytrynowo-lawendowe.
c) Szaszłyki owocowe posmaruj miodowo-jogurtowym dipem.
d) Dodaj makaroniki z płatkami róż i podawaj malinowo-różany sorbet w osobnych filiżankach.

59. Deska deserowa na imprezę na plaży

SKŁADNIKI:
- Babeczki z zamkiem z piasku
- Popsy z ciastami w kształcie piłek plażowych
- Trufle czekoladowe z muszlami morskimi
- Szaszłyki z owoców tropikalnych
- Niebieskie hawajskie kubki z galaretką
- Coconut Macaroons
- Sorbet ananasowy

INSTRUKCJE:
a) Ułóż babeczki z zamkiem z piasku i ciasteczka z kulkami plażowymi.
b) Ułóż trufle czekoladowe z muszli morskich i szaszłyki z owoców tropikalnych.
c) Rozrzuć niebieskie hawajskie kubki z galaretką.
d) Dodaj makaroniki kokosowe i podawaj sorbet ananasowy w osobnych filiżankach.

60. Deska deserowa miłośnika książek

SKŁADNIKI:
- Otwórz książkę Ciasteczka
- Ciasteczka z cytatami literackimi
- Gumowe cukierki Bookworm
- Babeczki Herbaciane
- Karta biblioteczna Mini tartaletki
- Cake Pops z okładką powieści
- Zakładki Matcha

INSTRUKCJE:
a) Ułóż ciasteczka z otwartą książką i ciasteczka z cytatami literackimi.
b) Umieść żelkowe cukierki i babeczki z herbatą.
c) Rozsyp mini tartaletki z kart bibliotecznych.
d) Dołącz nowatorskie ciasteczka na patyku i podawaj obok nich zakładki matcha.

61. Gra Nocna tablica deserowa

SKŁADNIKI:
- Ciasteczka szachowe
- Kościane Ciasto Pops
- Ciasteczka z literami Scrabble
- Cukierkowe żetony do pokera
- Kontroler gier Czekoladowe lizaki
- Twisterowe babeczki
- Przysmaki Candyland Rainbow Marshmallow

INSTRUKCJE:
a) Ułóż ciasteczka szachowe i ciasteczka z kostkami.
b) Umieść ciasteczka z literami scrabble i cukierkowe żetony do pokera.
c) Rozsyp czekoladowe lizaki z kontrolerem gier.
d) Dołącz babeczki twister i tęczowe cukierki z pianki marshmallow.

62. Deska deserowa na bal maskowy

SKŁADNIKI:
- Ciasteczka z maską maskującą
- Truskawki w czekoladzie ze złotym pyłem
- Kawałki ciasta z opery weneckiej
- Eleganckie makaroniki
- Złote i czarne czwórki
- Sorbet szampański z jagodami
- Trufle z czerwonego aksamitu

INSTRUKCJE:
a) Ułóż ciasteczka z maską maskującą i truskawki w czekoladzie.
b) Ułóż plasterki ciasta z opery weneckiej i eleganckie makaroniki.
c) Rozprosz złote i czarne petit Fours.
d) Dodaj sorbet szampański z jagodami i truflami z czerwonego aksamitu.

63. Deska deserowa poświęcona eksploracji kosmosu

SKŁADNIKI:
- Galaktyczne babeczki
- Planeta Cake Pops
- Obce ciasteczka z cukrem
- Meteorytowe trufle czekoladowe
- Kosmiczne pączki
- Kanapki lodowe astronauta
- Szaszłyki owocowe w kształcie gwiazdek

INSTRUKCJE:
a) Ułóż babeczki galaktyki i ciasteczka planetarne.
b) Umieść obce ciasteczka z cukrem i meteorytowe trufle czekoladowe.
c) Rozrzucaj kosmiczne pączki.
d) Dołącz kanapki z lodami astronautów i szaszłyki owocowe w kształcie gwiazdy.

64. Zabawna karnawałowa deska deserowa

SKŁADNIKI:
- Babeczki z waty cukrowej
- Plasterki Jabłek w Karmelu
- Ukąszenia ciasta lejkowego
- Przysmaki z popcornu i pianki marshmallow
- Pręty z preclami powlekane cukierkami
- Mini miękkie rożki do lodów
- Sorbet lemoniadowy

INSTRUKCJE:
a) Ułóż babeczki z waty cukrowej i plasterki jabłek w karmelu.
b) Umieść kawałki ciasta lejkowego i smakołyki z popcornu i pianki marshmallow.
c) Rozłóż precle pokryte cukierkami.
d) Dołącz mini miękkie lody w rożkach i podawaj sorbet lemoniadowy w osobnych filiżankach.

65.Deska deserowa Tropikalny Luau

SKŁADNIKI:
- Kwadraty ananasowo-kokosowe
- Makaroniki z mango i marakui
- Babeczki Pina Colada
- Szaszłyki z sałatki z owoców tropikalnych
- Cukrowe ciasteczka Hula Girl
- Trufle z rumem kokosowym
- Sorbet liczi

INSTRUKCJE:
a) Ułóż kwadraty ananasowo-kokosowego ciasta i makaroniki z mango i marakui.
b) Ułóż babeczki pina colada i szaszłyki z sałatką z owoców tropikalnych.
c) Rozsyp ciasteczka z cukrem hula girl.
d) Dodaj trufle z rumem kokosowym i podawaj sorbet z liczi w osobnych filiżankach.

66. Deska deserowa z motywem jednorożca

SKŁADNIKI:
- Babeczki Tęczowego Jednorożca
- Ciasto Pops z Jednorożcem
- Cukrowe ciasteczka „Magicznej Różdżki".
- Bezy z rogu jednorożca
- Kolorowa wata cukrowa
- Pastelowe makaroniki
- Kora czekolady z kupą jednorożca

INSTRUKCJE:
a) Ułóż babeczki z tęczowym jednorożcem i ciasteczka z jednorożcem.
b) Umieść ciasteczka z magiczną różdżką i bezy z rogu jednorożca.
c) Rozsyp kolorową watę cukrową.
d) Dołącz pastelowe makaroniki i korę czekoladową z odchodami jednorożca.

67. Deska deserowa Klimat festiwalu muzycznego

SKŁADNIKI:
- Ciasteczka z gitarą elektryczną
- Festiwalowe babeczki kwiatowe
- Ciasto na patyku w kształcie kul dyskotekowych
- Mieszanka cukierków Rockstar
- Pączki tie-dye
- Nuta Precle w czekoladzie
- Tęczowe sorbety w formie push-popów

INSTRUKCJE:
a) Ułóż ciasteczka z gitarą elektryczną i świąteczne babeczki z kwiatami.
b) Umieść kulki dyskotekowe na patyku i mieszankę cukierków rockstar.
c) Rozsyp pączki z farbą tie-dye.
d) Dodaj precle w czekoladzie z nutą muzyczną i podawaj popy z tęczowym sorbetem.

68. Deska deserowa Zimowa Kraina Czarów

SKŁADNIKI:
- Cukrowe ciasteczka w kształcie płatków śniegu
- Miętowe babeczki z gorącą czekoladą
- Kora żurawiny białej czekolady
- Musujące kubki z galaretką Winterjagoda
- Trufle Piernikowe
- Ciasto Pops z Zimowej Krainy Czarów
- Sernik Malinowy z Białą Czekoladą

INSTRUKCJE:
a) Ułóż ciasteczka z płatkami śniegu i miętowe babeczki z gorącą czekoladą.
b) Ułóż kubki z kory żurawinowej z białej czekolady i musujący galaretką z jeżyn.
c) Rozłóż piernikowe trufle.
d) Dołącz do nich ciasteczka z zimowej krainy czarów i kawałki sernika z białą czekoladą i malinami.

69. Deska deserowa w stylu retro z lat 80-tych

SKŁADNIKI:
- Babeczki w kolorze neonowym
- Ciasteczka z kostką Rubika
- Pac-Man Cake Pops
- Boombox Rice Krispie Przysmaki
- Żelowa Tęcza
- Batoniki czekoladowe na taśmie kasetowej
- Candy Fudge z dodatkiem pop rocka

INSTRUKCJE:
a) Ułóż neonowe babeczki i ciasteczka z kostką Rubika.
b) Umieść ciasteczka Pac-Man i ryżowe krispie boombox.
c) Rozrzuć tęczę żelkową.
d) Zawiera batoniki czekoladowe z kasetą magnetofonową i krówki z dodatkiem pop rocka.

70. Letnia deska deserowa S'mores przy ognisku

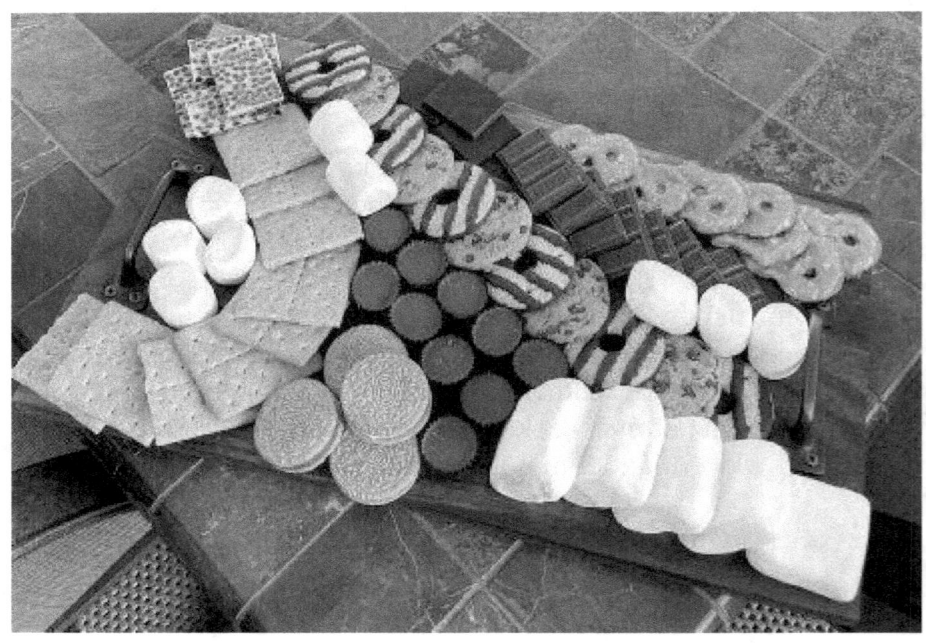

SKŁADNIKI:
- Bary S'mores
- Babeczki przy ognisku
- Patyk z preclami w czekoladzie „Logs"
- Pianki Marshmallow
- Klastry mieszane szlaków
- Graham Cracker Krówki
- Dip S'mores z pieczonych truskawek

INSTRUKCJE:
a) Organizuj bary s'mores i babeczki przy ognisku.
b) Umieść paluszki z preclami zanurzone w czekoladzie i pianki marshmallow.
c) Rozprosz klastry mieszanki szlaków.
d) Dodaj kawałki krówek z krakersów graham i podawaj dip z pieczonych truskawek.

71. Detektyw tajemnicza tablica deserowa

SKŁADNIKI:
- Ciasteczka ze szkłem powiększającym
- Babeczki z kapeluszem detektywa
- Tajemnicze batoniki z limonką
- Czekoladowe wypieki Sherlocka Holmesa
- Miejsce zbrodni Truskawki w czekoladzie
- Kulki tortowe Whodunit z czerwonego aksamitu
- Piernikowe ciasteczka z tajemniczej mapy

INSTRUKCJE:
a) Ułóż ciasteczka ze szkłem powiększającym i babeczki z kapeluszem detektywa.
b) Umieść tajemnicze batoniki z limonką i czekoladowe popyki Sherlock Holmes.
c) Rozrzuć truskawki w czekoladzie na miejscu zbrodni.
d) Dołącz kulki z czerwonego aksamitu Whodunit i pierniki z tajemniczą mapą.

72. Wiosenna deska deserowa na przyjęcie herbaciane w ogrodzie

SKŁADNIKI:
- Kwiatowe babeczki herbaciane
- Motylowe ciasteczka z cukrem
- Plasterki ciasta cytrynowego z kwiatami czarnego bzu
- Pastelowe makaroniki
- Sałatka owocowa z jagodami i miętą
- Panna Cotta z jadalnych kwiatów
- Kruche ciasteczka lawendowe

INSTRUKCJE:
a) Ułóż kwiatowe babeczki herbaciane i ciasteczka motylkowe z cukrem.
b) Ułóż plasterki ciasta cytrynowego z kwiatami czarnego bzu i pastelowe makaroniki.
c) Posyp sałatką owocową z jagód i mięty.
d) Dołącz jadalną panna cottę z kwiatami i kruche ciasteczka lawendowe.

DESKI DESERÓW CZEKOLADOWYCH

73. Deska do wędlin czekoladowych

SKŁADNIKI:
- Różne czekoladki (takie jak czekolada gorzka, czekolada mleczna lub czekolada biała)
- Owoce w czekoladzie (takie jak truskawki, plasterki banana lub suszone morele)
- Trufle czekoladowe lub cukierki
- Różne orzechy (takie jak migdały, orzechy laskowe lub pistacje)
- Precle lub biscotti
- Świeże owoce (takie jak winogrona lub maliny)
- Sos karmelowy lub czekoladowy do polania

INSTRUKCJE:
a) Ułóż wybrane czekoladki na dużej desce lub półmisku.
b) Obok czekoladek ułóż owoce w czekoladzie.
c) Dodaj na deskę czekoladowe trufle lub cukierki, aby uzyskać luksusową ucztę.
d) Rozłóż różne orzechy na desce, aby uzyskać dodatkową teksturę i smak.
e) Podaj precle lub ciasteczka, aby goście mogli zanurzyć się w czekoladkach lub zjeść samodzielnie.
f) Dodaj świeże owoce, takie jak winogrona lub maliny, aby uzyskać orzeźwiający element.
g) Polej czekoladę i owoce sosem karmelowym lub czekoladowym.
h) Podawaj i ciesz się!

74. Kraina Cukierków „Jarcuterie"

SKŁADNIKI:
- Różne cukierki (takie jak żelki, lukrecja, M&M's lub żelki)
- Precle w czekoladzie lub popcorn
- Mini pianki
- Różne ciasteczka lub paluszki waflowe
- Posypka lub jadalny brokat
- Małe słoiki lub pojemniki do serwowania

INSTRUKCJE:
a) Napełnij każdy mały słoik lub pojemnik innym rodzajem cukierków.
b) Umieść napełnione słoiki lub pojemniki na dużej desce lub półmisku.
c) Dodaj na deskę precle lub popcorn w czekoladzie, aby uzyskać słodko-słone połączenie.
d) Aby dodać tekstury, posyp dookoła słoików mini piankami marshmallow.
e) Zapewnij gościom różne ciasteczka lub paluszki waflowe, aby mogli zanurzyć się w cukierkach lub cieszyć się nimi samodzielnie.
f) Posyp deskę kolorową posypką lub jadalnym brokatem, aby nadać jej świąteczny charakter.
g) Podawaj i ciesz się!

75. Deska owocowa

SKŁADNIKI:
- Różne świeże owoce (np. winogrona, jagody, melon, ananas itp.)
- Suszone owoce (np. morele, daktyle, figi itp.)
- Różne orzechy (np. migdały, orzechy nerkowca, pistacje itp.)
- Dip miodowy lub owocowy do podania

INSTRUKCJE:
a) Umyj i przygotuj świeże owoce, pokrój większe owoce na kawałki wielkości kęsa.
b) Ułóż świeże owoce na dużej desce lub półmisku.
c) Umieść na desce małe miseczki lub kokilki, w których pomieszczą się suszone owoce i orzechy.
d) Napełnij miseczki suszonymi owocami i orzechami, tworząc osobne grona.
e) Skrop miodem świeże owoce lub podawaj obok w małym naczyniu.
f) Podawaj i ciesz się!

76. Deska Deserowa z Truflami Czekoladowymi Żurawinowymi

SKŁADNIKI:
DLA ŻURAWINOWYCH TRUFLI CZEKOLADOWYCH:
- 8 uncji posiekanej ciemnej czekolady
- 1/2 szklanki suszonej żurawiny
- 1/4 szklanki gęstej śmietanki
- Kakao w proszku lub cukier puder do obtoczenia

PRZEPISY:
NA TRUFLE Z ŻURAWINAMI W CZEKOLADZIE:
a) Do żaroodpornej miski włóż posiekaną gorzką czekoladę.
b) W rondlu podgrzej ciężką śmietankę na średnim ogniu, aż zacznie się gotować.
c) Gorącą śmietanką zalać posiekaną gorzką czekoladę i odstawić na minutę.
d) Mieszaj mieszaninę, aż czekolada całkowicie się rozpuści i będzie gładka.
e) Do masy czekoladowej dodaj suszoną żurawinę i mieszaj, aż składniki dobrze się połączą.
f) Przykryj miskę i przechowuj mieszaninę w lodówce przez co najmniej 2 godziny lub do momentu, aż masa będzie twarda.
g) Po schłodzeniu za pomocą łyżki lub małej miarki porcjuj mieszankę truflową.
h) Każdą porcję uformuj w kulkę i obtocz w kakao lub cukrze pudrze.
i) Ułóż trufle na blasze wyłożonej pergaminem i przechowuj w lodówce do momentu podania.

NA DESKA DESERÓW:
j) Ułóż żurawinowe trufle czekoladowe na dużej desce lub półmisku.
k) Dodaj na planszę inne różnorodne desery, takie jak mini ciasteczka, owoce w czekoladzie lub mini babeczki.
l) Zapewnij gościom małe talerze lub serwetki, aby mogli cieszyć się deserami.
m) Podawaj i ciesz się!

77. Deska do wędlin S'Mores

SKŁADNIKI:
- krakersy pełnoziarniste
- Pianki
- Batony czekoladowe (takie jak czekolada mleczna lub gorzka czekolada)
- Różne produkty do smarowania (takie jak masło orzechowe lub Nutella)
- Pokrojone truskawki lub banany (opcjonalnie)
- Prażone orzechy (takie jak migdały lub orzeszki ziemne)
- Różne ciasteczka (takie jak kruche ciasteczka lub ciasteczka z kawałkami czekolady)
- Szaszłyki lub patyczki do pieczenia pianek marshmallow

INSTRUKCJE:
a) Na dużej desce lub półmisku ułóż krakersy graham, pianki marshmallow i tabliczki czekolady.
b) Umieść różne produkty do smarowania, pokrojone truskawki lub banany i prażone orzechy obok krakersów, pianek marshmallow i czekolady.
c) Dodaj różne ciasteczka na planszę, aby uzyskać dodatkową słodycz i konsystencję.
d) Zapewnij gościom szaszłyki lub patyczki do pieczenia pianek marshmallow.
e) Pozwól gościom stworzyć własne S'mores, układając pieczone pianki, czekoladę i pasty pomiędzy krakersami graham.
f) Podawaj i ciesz się!

78. Deska do serowego fondue

SKŁADNIKI:
NA FONDUE SEROWE:
- Różne sery do fondue (np. Gruyère, Emmentaler lub Fontina)
- Białe wino lub bulion warzywny
- Czosnek, mielony
- Skrobia kukurydziana lub mąka
- Różne dipy (takie jak kostki chleba, blanszowane warzywa lub plasterki jabłka)

INSTRUKCJE
NA FONDUE SEROWE:
a) Zetrzyj wybrane sery i odłóż na bok.
b) W garnku do fondue lub rondlu podgrzej na średnim ogniu białe wino lub bulion warzywny.
c) Dodaj posiekany czosnek i gotuj przez minutę.
d) Stopniowo dodawaj starte sery, ciągle mieszając, aż się rozpuszczą i będą gładkie.
e) W osobnej misce wymieszaj skrobię kukurydzianą lub mąkę z odrobiną wody, aby uzyskać zawiesinę.
f) Dodaj zawiesinę do mieszanki serowej i mieszaj, aż zgęstnieje.
g) Przełóż serowe fondue do garnka do fondue lub trzymaj je w cieple na małym ogniu.
h) Podawać z różnymi dipami.

NA DESKĘ SEROWEGO FONDUE:
i) Umieść garnek lub rondelek do serowego fondue na środku dużej deski do serwowania.
j) Wokół garnka ułóż różne dipy, takie jak kostki chleba, blanszowane warzywa lub plasterki jabłka.
k) Rozdaj widelce lub szpikulce do fondue, aby goście mogli zanurzyć swoje maczanki w serowym fondue.
l) Podawaj i ciesz się!

79. Deska do wędlin pysznego czekoladowego fondue

SKŁADNIKI:
DO CZEKOLADOWEGO FONDUE
- Różne czekoladki do fondue (np. czekolada mleczna, gorzka lub biała czekolada)
- Ciężka śmietana lub mleko
- Różne dipy (takie jak owoce, pianki, ciasteczka lub precle)

INSTRUKCJE:
NA FONDUE CZEKOLADOWE:
a) Różne czekoladki pokroić na małe kawałki i odłożyć na bok.
b) W rondlu podgrzej śmietankę lub mleko na średnim ogniu, aż zacznie się gotować.
c) Zdejmij rondelek z ognia i dodaj posiekane czekolady.
d) Mieszaj mieszaninę, aż czekolada całkowicie się rozpuści i będzie gładka.
e) Przenieś czekoladowe fondue do garnka do fondue lub trzymaj je w cieple na małym ogniu.
f) Podawać z różnymi dipami.

DLA TABLICY WĘDRONÓW:
g) Umieść garnek lub rondelek do czekoladowego fondue na środku dużej deski lub półmiska.
h) Wokół garnka ułóż różne dipy, takie jak owoce, pianki, ciasteczka lub precle.
i) Zapewnij gościom szaszłyki lub widelce, aby zanurzyli swoje maczanki w czekoladowym fondue.
j) Podawaj i ciesz się!

80. Deska deserowa dekadenckiego miłośnika czekolady

SKŁADNIKI:

- Trufle z ciemnej czekolady
- Truskawki w czekoladzie
- Potrójne czekoladowe brownie
- Pręty z preclami w czekoladzie
- Mini serniki czekoladowe
- Ciasteczka czekoladowe nadziewane Nutellą
- Kubeczki Malinowe z Białą Czekoladą

INSTRUKCJE:

a) Ułożyć trufle z ciemnej czekolady i truskawki w czekoladzie.
b) Ułożyć potrójne ciasteczka czekoladowe i precle oblane czekoladą.
c) Rozłóż mini serniki czekoladowe.
d) Obejmuje ciasteczka czekoladowe nadziewane Nutellą i kubki z malinami z białej czekolady.

81. Klasyczna deska deserowa Ulubione czekolady

SKŁADNIKI:
- Kubeczki z musem czekoladowym
- Czekoladowe Brownies z Krówkami
- Ciasteczka z kawałkami czekolady
- Migdały w czekoladzie
- Marshmallows w czekoladzie
- Plasterki tarty czekoladowo-orzechowej
- Trufle karmelowe z mlecznej czekolady

INSTRUKCJE:
a) Ułóż kubki z musem czekoladowym i czekoladowe ciasteczka krówkowe.
b) Ułożyć ciasteczka czekoladowe i migdały w czekoladzie.
c) Rozłóż pianki marshmallow oblane czekoladą.
d) Dodaj plasterki tarty czekoladowo-orzechowej i trufle w karmelu z mlecznej czekolady.

82. Wyśmienita deska deserowa do degustacji czekolady

SKŁADNIKI:

- Batony ciemnej czekolady jednego pochodzenia
- Ziarna espresso w czekoladzie
- Skórka pomarańczowa w czekoladzie
- Czekolada karmelowa z solą morską
- Trufle Czekoladowe Chili
- Czekolada pralinowa z orzechów laskowych
- Plasterki tarty czekoladowej Ganache

INSTRUKCJE:

a) Ułóż tabliczki ciemnej czekolady jednego pochodzenia i ziarna espresso w czekoladzie.
b) Połóż czekoladę karmelową ze skórką pomarańczową i solą morską w polewie czekoladowej.
c) Rozłóż trufle czekoladowo-chili.
d) Dodaj praliny z orzechów laskowych i plasterki tarty z ganache czekoladowym.

83. Deska deserowa z białą czekoladą Kraina czarów

SKŁADNIKI:
- Sernik Malinowy z Białą Czekoladą
- Kora precla z białej czekolady
- Trufle kokosowe z białą czekoladą
- Truskawki w białej czekoladzie
- Blondynki z białą czekoladą i cytryną
- Krówka z białej czekolady pistacjowej
- Strzelanki z musem z białej czekolady

INSTRUKCJE:
a) Ułóż kawałki sernika malinowego z białą czekoladą i korę precla z białej czekolady.
b) Ułożyć trufle z białej czekolady kokosowej i truskawki w białej czekoladzie.
c) Posyp cytrynowymi blondynkami z białej czekolady.
d) Zawiera krówki pistacjowe z białą czekoladą i mus z białej czekolady.

84. Deska deserowa Odpust na Skalistej Drodze

SKŁADNIKI:
- Brownie z Rocky Road
- Marshmallow Pops w czekoladzie
- Kawałki czekolady z orzechami laskowymi
- Migdałowe Kubki Radości
- Pręty z preclami w czekoladzie
- Popcorn z potrójną czekoladą
- Klastry orzechowo-karmelowe z mlecznej czekolady

INSTRUKCJE:
a) Ułóż ciasteczka skaliste i pianki marshmallow w czekoladzie.
b) Umieść kawałki czekolady z orzechami laskowymi i migdałowe kubki radości.
c) Rozłóż pręty precli w czekoladzie.
d) Zawiera popcorn z potrójną czekoladą i karmelowe orzechy z mlecznej czekolady.

85. Deska deserowa o smaku miętowej czekolady Bliss

SKŁADNIKI:
- Babeczki miętowe z kawałkami czekolady
- Czekoladowe ciasteczka miętowe
- Andes Mint Truskawki w czekoladzie
- Miętowe paszteciki
- Strzelanki z musem miętowo-czekoladowym
- Cienkie ciasteczka miętowe
- Kora mięty pieprzowej z ciemnej czekolady

INSTRUKCJE:
a) Ułóż miętowe babeczki z kawałkami czekolady i czekoladowe miętowe ciasteczka.
b) Ułóż truskawki Andes w miętowej czekoladzie i miętowe paszteciki.
c) Rozsyp miętowe strzelanki z musu czekoladowego.
d) Dołącz cienkie ciasteczka miętowe i korę mięty pieprzowej z ciemnej czekolady.

86. Deska deserowa marzeń Chocoholic

SKŁADNIKI:

- Czekoladowe Ciasta Lawowe
- Krucha czekolada orzechowa
- Kawałki bananów w czekoladzie
- Potrójne plastry sernika czekoladowego
- Czekoladowe Grona Migdałowe
- Makaroniki kokosowe w czekoladzie
- Tartaletki Malinowe z Ciemną Czekoladą

INSTRUKCJE:

a) Ułóż czekoladowe ciasteczka lawowe i orzechową czekoladę kruchą.
b) Ułóż kawałki banana w czekoladzie i potrójne plasterki sernika czekoladowego.
c) Rozłóż grona czekoladowo-migdałowych.
d) Do tego makaroniki kokosowe w czekoladzie i tartaletki z malinami z ciemnej czekolady.

87. Deska deserowa o smaku karmelowo-czekoladowym

SKŁADNIKI:
- Plasterki tarty czekoladowej z solonym karmelem
- Pręty z karmelowo-czekoladowymi preclami
- Klastry popcornu o smaku czekoladowo-karmelowym
- Kawałki sernika z Drogi Mlecznej
- Trufle Czekoladowe Nadziewane Karmelem
- Ugryzienie żółwia Brownie
- Jabłka w czekoladowym karmelu

INSTRUKCJE:
a) Ułóż plasterki tarty z soloną karmelową czekoladą i precle z karmelowej czekolady.
b) Ułóż kęsy popcornu z karmelem czekoladowym i kawałki sernika Milky Way.
c) Rozłóż trufle czekoladowe nadziewane karmelem.
d) Obejmuje to kawałki brownie z żółwiami i jabłka w czekoladowym karmelu.

88. Deska deserowa S'mores Galore

SKŁADNIKI:
- Babeczki S'mores
- Graham Cracker Brownie Gryzie
- Marshmallow Pops w czekoladzie
- S'mores Bark
- Mini serniki S'mores
- Prażone kokosowe batony czekoladowe
- Trufle S'mores z ciemnej czekolady

INSTRUKCJE:
a) Ułóż babeczki s'mores i ciasteczka z krakersami graham.
b) Ułóż pianki marshmallow popsute w czekoladzie i korę s'mores.
c) Rozłóż mini serniki s'mores.
d) Dołącz prażone batoniki kokosowe i trufle s'mores z ciemnej czekolady.

89. Deska deserowa z białą czekoladą i maliną Romance

SKŁADNIKI:
- Batony Sernik Malinowy z Białą Czekoladą
- Trufle czekoladowo-malinowe
- Blondynki z białą czekoladą i malinami
- Plasterki tarty malinowo-czekoladowej
- Kubeczki z musem malinowym z białą czekoladą
- Krówka malinowa z ciemnej czekolady
- Kora czekolady malinowo-migdałowej

INSTRUKCJE:
a) Ułóż batoniki sernikowe z białą czekoladą i malinami oraz trufle z czekolady malinowej.
b) Ułożyć malinowe blondies z białej czekolady i plasterki tarty malinowo-czekoladowej.
c) Rozłóż kubki z musem malinowym z białej czekolady.
d) Zawiera krówkę malinową z ciemnej czekolady i korę czekolady malinowo-migdałowej.

90. Deska deserowa Niebo z orzechami laskowymi i czekoladą

SKŁADNIKI:
- Filiżanki Tiramisu z czekoladą i orzechami laskowymi
- Rogaliki czekoladowe nadziewane Nutellą
- Trufle z czekoladą i orzechami laskowymi
- Czekoladowe Serniki Z Orzechami Laskowymi
- Klastry precli czekoladowo-orzechowych
- Czekoladowe ciasteczka bezowe z orzechami laskowymi
- Strzelanki z musu czekoladowego z orzechów laskowych

INSTRUKCJE:
a) Ułóż kubki tiramisu z orzechową czekoladą i czekoladowe rogaliki nadziewane Nutellą.
b) Ułóż czekoladowe trufle z orzechami laskowymi i kawałki czekoladowego sernika z orzechami laskowymi.
c) Posyp kępkami precli czekoladowo-orzechowych.
d) Zawiera czekoladowe ciasteczka bezowe z orzechami laskowymi i mus czekoladowy z orzechów laskowych.

91. Deska deserowa z przysmakami w czekoladzie

SKŁADNIKI:
- Truskawki w czekoladzie
- Banany w czekoladzie
- Twisty Precli Oblanych Czekoladą
- Makaroniki kokosowe w czekoladzie
- Plasterki pomarańczy w czekoladzie
- Jabłka w karmelu w czekoladzie
- Winogrona w czekoladzie

INSTRUKCJE:
a) Ułóż truskawki w czekoladzie, banany i precle.
b) Ułożyć makaroniki kokosowe w czekoladzie i plasterki pomarańczy.
c) Rozłóż jabłka w karmelu zanurzone w czekoladzie.
d) Dodaj winogrona w czekoladzie, aby uzyskać różnorodne maczane przysmaki.

DESKI DESEROWE Z KONCENTRATOREM OWOCÓW

92. Deska deserowa Jagodowa BłogośćBonanza

SKŁADNIKI:
- Mieszane tartaletki jagodowe
- Kawałki sernika jagodowo-cytrynowego
- Szaszłyki z Truskawkowych Ciastek
- Batoniki Malinowo-Migdałowe
- Filiżanki BlackJagoda Panna Cotta
- Strzelanki Jagoda Parfait
- Truskawki w czekoladzie

INSTRUKCJE:
a) Ułóż tartaletki z mieszanymi jagodami i kawałki sernika jagodowo-cytrynowego.
b) Ułożyć szaszłyki z ciasteczek truskawkowych i batoniki malinowo-migdałowe.
c) Rozłóż kubki z jeżynową panna cotta.
d) Dołącz do nich jagodowe strzelanki parfaitowe i truskawki w czekoladzie.

93. Deska deserowa z owocami tropikalnymi Paradise

SKŁADNIKI:
- Kwadraty ananasowo-kokosowe
- Sorbet mango
- Tartaletki z kiwi i limonką
- Kubki z musem z marakui
- Makaroniki Kokosowe
- Popsicles ze smoczych owoców
- Szaszłyki z sałatki z owoców tropikalnych

INSTRUKCJE:
a) Ułóż kwadraty ananasowo-kokosowego ciasta i sorbet mango.
b) Ułożyć tartaletki z kiwi i limonką oraz pucharki z musem z marakui.
c) Rozłóż makaroniki kokosowe.
d) Dołącz lody na patyku i szaszłyki z sałatką z owoców tropikalnych.

94. Deska deserowa Wybuch cytrusów Extravaganza

SKŁADNIKI:
- batoniki cytrynowe
- Pomarańczowe lody na patyku
- Grejpfrutowe brûlée
- Babeczki Limonkowo-Kokosowe
- Makaroniki Cytrusowe
- Tartaletki Cytrynowo-Jagodowe
- Sorbet z czerwonych pomarańczy

INSTRUKCJE:
a) Ułóż batony cytrynowe i pomarańczowe lody na patyku.
b) Ułóż grejpfrutowe brûlée i limonkowe babeczki kokosowe.
c) Rozłóż makaroniki z cytrusami.
d) Dodaj tartaletki cytrynowo-jagodowe i podawaj sorbet z czerwonych pomarańczy w osobnych filiżankach.

95. Deska deserowa Orchard Zbiór zachwyca

SKŁADNIKI:
- Plasterki Jabłek w Karmelu
- Mini ciasta z brzoskwiniami Melba
- Śliwkowe Batony Kuchenne
- Plasterki tarty migdałowo-morelowej
- Otwory na pączki z jagodami i jabłkiem
- Grillowane brzoskwinie z miodem
- Kabobs z mieszanymi owocami

INSTRUKCJE:
a) Ułóż plasterki jabłek w karmelu i mini ciasta z brzoskwiniami melba.
b) Ułóż batony śliwkowe kuchen i plasterki morelowo-migdałowej tarty.
c) Porozrzucaj dziurki po pączkach z jagodami i jabłkiem.
d) Dodaj grillowane brzoskwinie z miodem i kebaby z mieszanymi owocami.

96. Deska deserowa Melon Medley

SKŁADNIKI:
- Arbuzowe Popsicles
- Sorbet miętowo-kantalupowy
- Sałatka owocowa z bazylią miodową
- Szaszłyki z Melonowych Kulek
- Kubeczki z budyniem Chia z limonką, limonką i kokosem
- Strzelanki Mango Melon Agua Fresca
- Strzelcy z jagodowo-melonowego gazpacho

INSTRUKCJE:
a) Ułóż lody arbuzowe i sorbet miętowo-kantalupowy.
b) Ułóż sałatkę owocową z bazylią miodową i kulki melona.
c) Rozłóż kubki z budyniem chia z kiwi, limonką i kokosem.
d) Obejmują strzelanki agua fresca z mango i melona oraz strzelanki gazpacho z melona jagodowego.

97. Deska deserowa z egzotycznymi owocami i przygodą

SKŁADNIKI:
- Sorbet z wody różanej z liczi
- Filiżanki sorbetto z papai i limonki
- Plasterki Starfruit z solą chili
- Gniazda Marakui Pavlova
- Makaroniki z Gujawą
- Słoiki na budyń ryżowy z owocami kokosowymi i owocami Jackfruit
- Batony Sernikowe Z Owocami Smoka

INSTRUKCJE:
a) Ułóż kubki z sorbetem z liczi i wodą różaną oraz sorbetem z papai i limonki.
b) Ułóż plastry owoców gwiaździstych z solą chili i gniazdami pavlova z marakui.
c) Rozłóż makaroniki z gujawą.
d) Dołącz słoiki z puddingiem ryżowym z owocami jackfruit i kokosem oraz batoniki z sernikiem z owocami smoka.

98. Letnia deska deserowa Jagoda Fiesta

SKŁADNIKI:

- Kubeczki na ciasteczka truskawkowo-bazyliowe
- Lody jagodowo-cytrynowe
- Słoiki z malinowo-kokosowym puddingiem ryżowym
- Sorbet z lemoniadą jeżynowo-miętową
- Mieszane plastry galette jagodowej
- Strzelanki Parfait z jogurtem jagodowym
- Jagodowe precle w czekoladzie

INSTRUKCJE:

a) Ułóż babeczki truskawkowo-bazyliowe i lody jagodowo-cytrynowe.
b) Umieść słoiki z malinowo-kokosowym budyniem ryżowym i sorbetem z lemoniady jeżynowo-miętowej.
c) Rozłóż plasterki galette z mieszanymi jagodami.
d) Obejmuje to strzelanki do parfaitów z jogurtem jagodowym i precle w jagodowej polewie w czekoladzie.

99. Cytrusowa, karnawałowa deska deserowa

SKŁADNIKI:
- Babeczki z kremem pomarańczowym
- Filiżanki Grejpfrutowa Granita
- Bułeczki cytrynowe z makiem
- Sorbet limonkowo-bazyliowy
- Plasterki tarty cytrusowej z mascarpone
- Cukierki Clementine w czekoladzie
- Kandyzowana skórka cytryny

INSTRUKCJE:
a) Ułóż pomarańczowe babeczki z kremem i filiżanki z grejpfrutowej granity.
b) Ułóż cytrynowe bułeczki z makiem i sorbet z limonki i bazylii.
c) Rozłóż plasterki cytrusowej tarty mascarpone.
d) Dodaj cukierki z klementynkami w czekoladzie i kandyzowaną skórkę cytryny.

100. Deska deserowa Mango Szaleństwo

SKŁADNIKI:
- Słoiki na parfait z lepkim ryżem mango
- Sorbet mango
- Kubeczki z puddingiem ryżowym z kokosem i mango
- Batony Sernikowe Z Marakują i Mango
- Salsa bazyliowo-mango z chipsami tortilla z cukrem cynamonowym
- Makaroniki Mango i Kokosa
- Strzelanka do smoothie z tropikalnego mango

INSTRUKCJE:
a) Ułóż słoiczki z lepkim ryżem z mango i sorbetem z mango.
b) Ułóż kubki z kokosowym puddingiem ryżowym z mango i batonikami z sernikiem mango i marakui.
c) Posyp salsą bazyliowo-mango z chipsami tortilla z cukrem i cynamonem.
d) Dodaj makaroniki kokosowe z mango i podawaj smoothie z tropikalnym mango w osobnych filiżankach.

WNIOSEK

Kończąc naszą zachwycającą podróż po „Księdze przepisów na kompletne deski deserowe", mamy nadzieję, że doświadczyłeś radości przekształcania deserów w wizualne i kulinarne arcydzieło. Każdy przepis na tych stronach to celebracja sztuki prezentacji, różnorodności słodyczy i przyjemności dzielenia się deserami we wspólnym gronie — świadectwo kreatywności i przyjemności, jakie wnoszą na stół deski deserowe.

Niezależnie od tego, czy delektowałeś się bogactwem desek czekoladowego fondue, rozkoszowałeś się świeżością past owocowych i serów, czy też rozkoszowałeś się słodyczą eleganckich wypieków, ufamy, że te przepisy zainspirowały Cię do stworzenia własnych, oszałamiających wizualnie desek deserowych. Niech poza składnikami i technikami koncepcja desek deserowych stanie się źródłem radości, połączenia i wspólnych chwil radości.

Gdy będziesz kontynuować eksplorację świata desek deserowych, niech „Księga przepisów na deski deserowe" będzie Twoim zaufanym towarzyszem, prowadzącym Cię przez różnorodne pyszne opcje, które podniosą poziom Twojej zabawy w desery i zamienią każdą okazję w słodką uroczystość. Za tworzenie pięknych wspomnień i czerpanie przyjemności z najwyższej jakości wrażeń na desce — czekają słodkie chwile!

www.ingramcontent.com/pod-product-compliance
Lightning Source LLC
Chambersburg PA
CBHW071908110526
44591CB00011B/1596